中小学女生专题教育课程教材

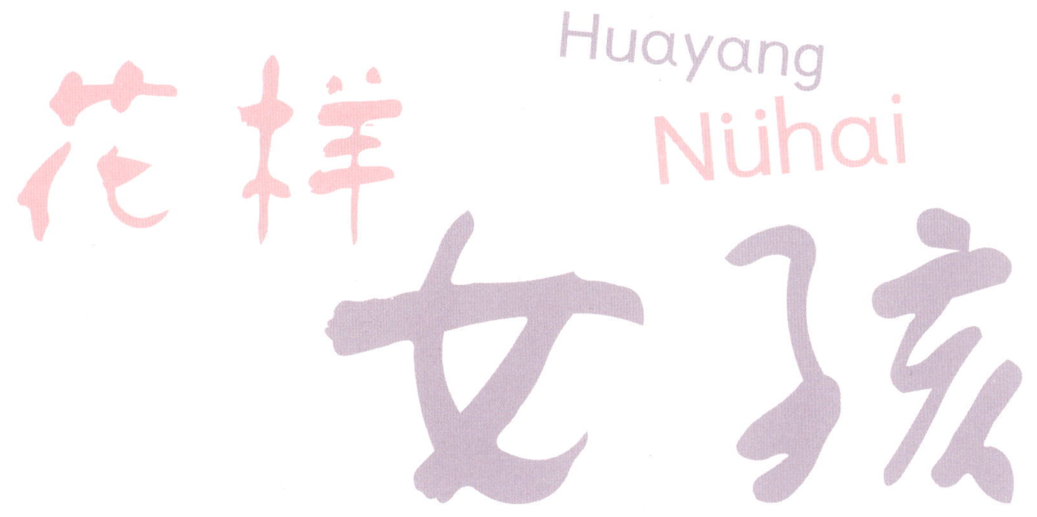

花样女孩

Huayang Nühai

供小学四五年级使用

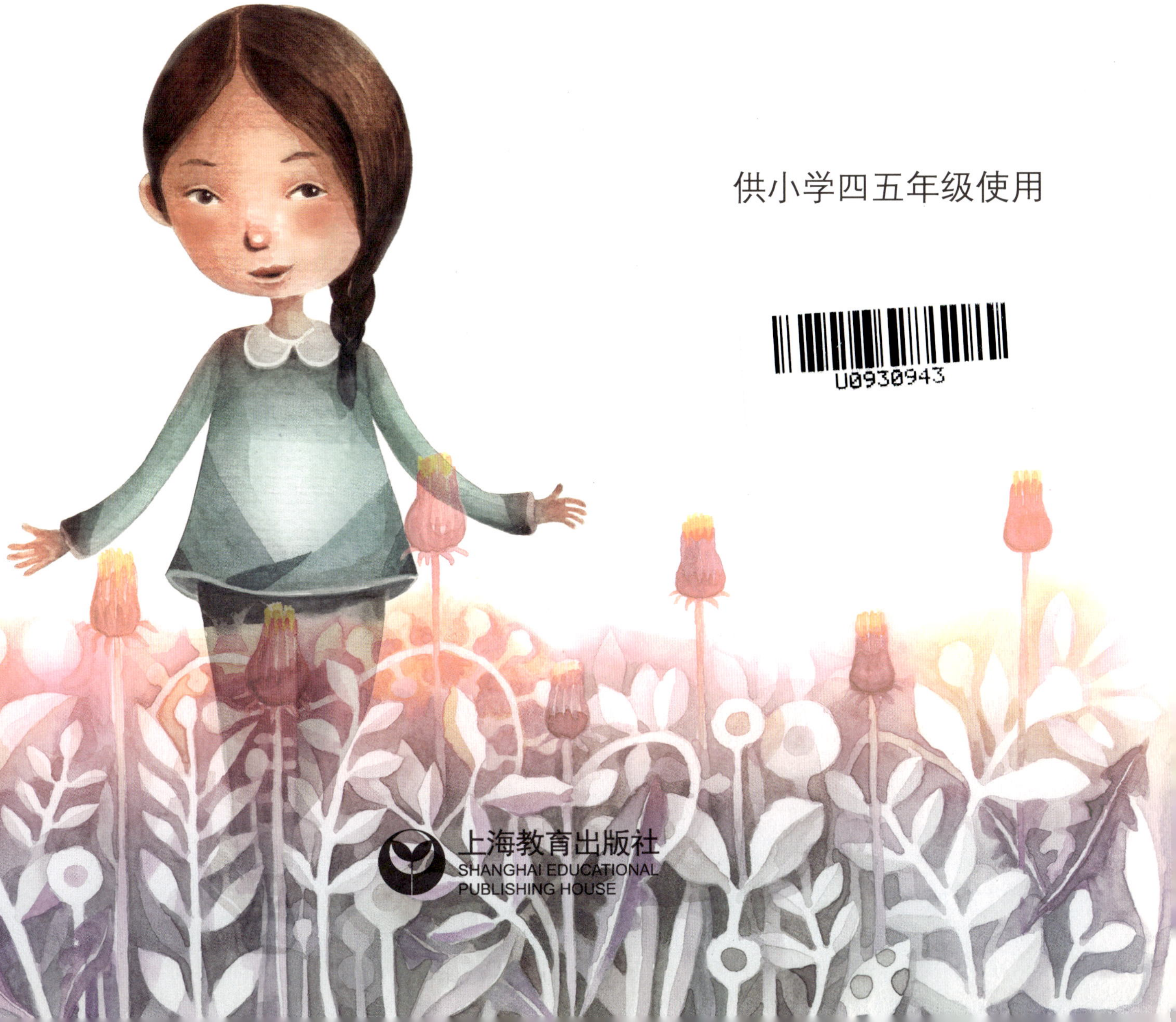

上海教育出版社
SHANGHAI EDUCATIONAL PUBLISHING HOUSE

图书在版编目(CIP)数据
花样女孩 / 徐静，李正刚，钟向阳主编. —上海：上海教育出版社，2017.9
ISBN 978-7-5444-7704-8

Ⅰ.①花… Ⅱ.①徐…②李…③钟… Ⅲ.①女性—青春期—健康教育 Ⅳ.①G479

中国版本图书馆CIP数据核字(2017)第217990号

责任编辑 张志筠 李 玮
美术编辑 陆 弦

中小学女生专题教育课程教材
花样女孩
徐 静 李正刚 钟向阳 主编

出 版 上海世纪出版股份有限公司
上 海 教 育 出 版 社
官 网 www.seph.com.cn
易文网 www.ewen.co
地 址 上海市永福路123号
邮 编 200031
发 行 上海世纪出版股份有限公司发行中心
印 刷 上海中华商务联合印刷有限公司
开 本 890×1240 1/16 印张 7.5 插页 1
版 次 2017年9月第1版
印 次 2017年9月第1次印刷
书 号 ISBN 978-7-5444-7704-8/G·6358
定 价 42.00 元

如发现质量问题，请向本社调换 电话 021-64377165

编者的话

女孩儿，就像含苞欲放的花朵，却更似一本书。无论活泼、文静，抑或古怪精灵，都是一本耐读的书。尽管当下一些人为男孩的“男子气”不足而担忧，却很少有人意识到女孩能获得今天的社会地位、发展平台实属不易。

女孩与男孩一样吗？从中国封建社会的“夫为妻纲”，到西方《圣经》上记载的夏娃是用亚当肋骨造成的故事，我们可以清晰地看到，在浩瀚的历史长河中，女性一直被放在从属的弱者地位。在全世界各民族的史册中，我们几乎都可以找到女孩在出生、求学、入职等人生关口所遭受到的种种磨难的记载，当然，同时我们也可以看到那些勇敢女性抗争和奋斗的身影。

现代科学家认为，男孩和女孩在遗传基因、性激素分泌和大脑发育状况等方面确实是有区别的。长期以来，家庭和社会的影响以及传统文化的塑造，潜移默化地造就了世界各民族关于男孩和女孩的性别期待。今天，科学技术的进步和现代社会思想观念的变化，正在削弱女孩与男孩生物学意义上的不平衡，为每一个孩子敞开了“天高任鸟飞”的发展空间。

每一个女孩都是美丽的，只要你心底流淌着感恩和善良，愿意冷静地认识自我特质，为自己的梦想去学习、去尝试、去坚持。在本教材中，你会邂逅古今中外的各式女性和女孩，她们的故事述说了她们的精彩人生和无奈。期待你从这些故事里，寻找到对自己成长有益的“正能量”，书写属于你的精彩故事。

中小学女生专题教育课程教材

达标证书

______同学：

你已卓有成效地完成《花样女孩》课程的学习，成绩达标，特发此证。

（学校盖章、指导教师签名处）

____年____月____日

当你学完本教材时，可以请学校和指导老师在证书上盖章签名，留作纪念。

目　录

我是女孩

第二课

美的追求

第三课

保护好自己

第四课

人际财富

第五课

“爱心天使”

第六课

拥抱未来

第一课

我是女孩

思考题
* 女孩与男孩究竟有什么不一样？
* 为什么说女孩不易？
* 怎样"寻找缺失的那一半"？

女孩与男孩一样吗

有人说，男人来自火星，女人来自水星，仿佛男女是来自不同星球的生物。也有人说，男人是泥做的，女人是水做的。这些说法都强调了女性与男性的不同，那么，你觉得女孩与男孩一样吗？

成语小测试

成语是语言中经过长期使用、锤炼而形成的固定短语，是中华传统文化宝库中的重要组成部分。请你分析下列成语，哪些适用于女孩，哪些适用于男孩，哪些都能用？

花容月貌　　虎背熊腰　　沉鱼落雁　　仪态万方

美如冠玉　　风华正茂　　冰清玉洁　　风流倜傥

玉树临风　　眉清目秀

性别差异一直是古今中外备受关注的课题。科学家的研究成果揭示，女孩和男孩在遗传基因、性激素分泌和大脑发育状况等方面的不同，决定了女孩和男孩在生理上存在一些差异。

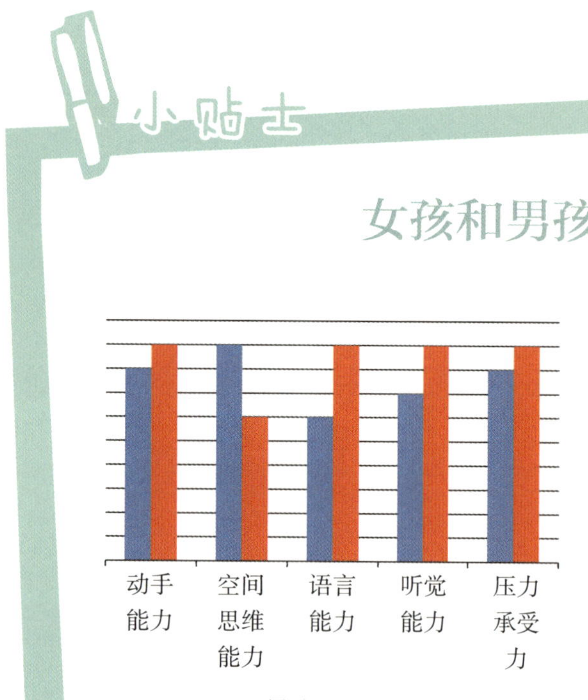

女孩和男孩生理特征的对比

科学研究表明：女孩的语言能力、听觉能力、精细动作等方面相比较男孩，有着一定的先天优势。

女孩/男孩的回答

1. 妈妈焦急地说："我的手机浸水了，怎么办？"

回答 1："让我看看！"（　　）

回答 2："送去修修好了！"（　　）

2. 妈妈问："你今天看的电影讲什么的呀？"

回答1："没什么，你自己去看吧！"（　　）

回答2："我讲给你听，是这样的……"（　　）

3. 妈妈说："明天我想去逛逛街，你去吗？"

回答1："我也想去！"（　　）

回答2："你自己去吧！"（　　）

4. 妈妈说："过年我们去东北看爷爷奶奶，你想坐船去还是坐火车去？"

回答1："让我查查看！"（　　）

回答2："随便！"（　　）

生活中，女孩和男孩对有些问题的回答往往是不一样的，请你在图下的括号里填上"她"或"他"，说一说为什么。

古往今来，父母对女孩子和男孩子的期望是不一样的，这一点也可以从男女取名常用字的不同反映出来。正是家庭的期望和社会文化的塑造，潜移默化地形成了男女不同的行为规范，强化了建立在生理基础上的性别角色意识。

女孩名字里的学问

在我国传统习俗中，一个人的“名”是在出生百日之后由父亲取定的，命名仪式非常隆重，是孩子一生中的第一件大事。现在这种习俗虽然不常见了，但给孩子过“百岁”的风俗依然长盛不衰。通常，父母为子女取名的常用字是不一样的。在被誉为中国古代人生百科全书的《诗经》中就有许多清新文雅的文字，为女孩取名平添了一股独特的书卷气。

名字	出处	寓意
蓁蓁（zhēn）	《周南·桃夭》：“桃之夭夭，其叶蓁蓁。”	草叶茂盛，充满生机活力
淑慎	《邶风·燕燕》：“终温且惠，淑慎其身。”	和善谨慎
惠然	《邶风·终风》：“终风且霾，惠然肯来。”	礼貌顺从
静姝	《邶风·静女》：“静女其姝，俟我于城隅。”。	娴静美丽
炜彤	《邶风·静女》：“彤管有炜，说怿女美。”	红润美丽，有光彩
洵美	《邶风·静女》：“自牧归荑，洵美且异。”	很美的意思
如云	《郑风·出其东门》：“出其东门，有女如云。”	像云一样众多，意义优美
芃芃	《鄘风·载驰》：“我行其野，芃芃其麦。”	草木茂盛，做事卓尔不凡

今天，科学技术的进步和现代社会思想观念的转变，正在削弱女孩与男孩生物学意义上的不平衡，“柔弱”不再是女性的专利。在“平等”的阳光和雨露滋润下，女孩如花，千姿百态，竞相开放。

寻找属于你的花语

世界上的花花草草各有各的特点。花语是人们根据各种植物，尤其是花卉的特点、习性和传说典故，赋予的各种不同的人性化象征意义，是在一定的历史条件下逐渐约定俗成的，在一定人群内所公认的信息交流形式。

请查找资料，为下列花草找出相匹配的花语并填入方框里。

你最喜欢什么花？请利用她的倩影（可以用图画或照片，也可以用加工过的实物花草）制成一份贺卡，并题写属于你的个性化花语。

女孩不易

翻开厚重的史书，无论在东方文明古国，还是西方发达国家，都有女性长期遭受歧视和压迫的记载，女性在维护自身生存、发展、婚姻等权利方面所走过的路要比男性曲折得多。

“溺女婴”的历史记载

在中国长达2000多年的封建社会里，“溺女婴”的恶俗史不绝书，全国大部分地区都有发生。宋代大文豪苏轼曾撰文曰：“岳、鄂之间，田野小人，便养二男一女，过此即杀。尤讳养女，[养]辄以冷水浸杀。”尽管这种恶俗历代遭到有识之士的反对和官府的禁止，却始终不能根绝。中华人民共和国成立后，才从根本上消除了这一愚昧、残酷的现象。

想一想，中国古代封建社会为什么会发生“溺女婴”现象？我们的日常生活中有没有“重男轻女”的现象？

女性遭受摧残和凌辱的故事不仅发生在中国的古代社会，直到今天，世界上仍有一些地方十分歧视女性。在美国的密歇根州，有位法官宣判，妻子没得到丈夫的同意，不可以理发。也门有法律规定，没有丈夫的同意，妇女不能离开家门，除非是去照看病重的父母。

需要维护的女童权益

2011 年 12 月 19 日，联合国大会通过决议，宣布 10 月 11 日为国际女童日。国际组织指出：很多国家的女童在从上学到工作的所有生活领域都不受重视，严重的歧视和偏见使得很多女童不能发挥其真正潜力。在最贫穷的社会，与其兄弟相比，女童面临更大的风险，比如营养不良、饥饿和疾病，并且接受教育和就业的机会较少。很多发展中国家，七分之一的女童不满 15 岁就结婚。因此联合国呼吁国际社会对全世界女童的权利给予特别关注。

在教育方面，历史上的中国除少数官宦人家的小姐能接受一点“有限的教育”外，广大女性几乎完全被剥夺受教育的权利，而所谓“有限的教育”传授的无非是《女诫》《列女传》和《女训》等书籍，实际上是规范女性言谈举止的重要工具，而不是真正的没有歧视的平等教育。

耐读的《女儿经》

“女儿经，仔细听。早早起，出闺门。烧茶汤，敬双亲。勤梳洗，爱干净。学针线，莫懒身。父母骂，莫做声……”《女儿经》是我国古代约束女子道德行为的教材，流传甚广，各地有多种版本。它的内容自然少不了封建社会对女性的歧视和压迫，但也包含了一些值得肯定和传承的内容。请你根据自己的爱好和兴趣，选择合适的版本，摘录一些句子，或欣赏或批判。

在西方，即使在著名的高等学府哈佛大学，女性为争取享有与男性一样的求学权利同样经历了曲折与磨难。

哈佛校园里的“男女平等”

在哈佛校徽上显赫的拉丁文“真理”二字前，一个女孩躲在大壁橱里听课。

说明：一位攻读人类学博士的女生曾被迫躲在大壁柜里从门缝中听课。

1869 年，哈佛校长提出怀疑：“凭女性的天赋智能能进哈佛？”

说明：1879 年哈佛建立了附属女校，实行男女分校上课。

哈佛女子学院院长要求毕业生不要穿礼服，否则于舆论不利。

说明：当时社会舆论认为，女性知识化等于男性化，是遭受嘲弄的话题。

一位哈佛女生：“我需要事业成功，也需要家庭和生活！”

说明：哈佛大学的女生和女教师逐年增多，但实现“平等”的道路依然漫长。

今天，在我国，“男女平等”早已写进宪法，成为基本国策。但是现实生活中女孩还会面临许多的挑战，我们要学会用实际行动维护自己的权益。

我哪样不如他

贾佳是一名品学兼优的女学生，从名牌大学工科研究生毕业后，她很希望找一家专业对口的企业成就自己的梦想。但是，她给许多心仪的用人单位投档后，都没有得到期待的回复。最哭笑不得的是总算有了一个面试的机会，人事经理一看是她，竟然说：“你怎么是个女的！”立马挥手让她走人。

贾佳没有气馁，继续寻找自己向往的工作岗位。最后一家合资企业给了她一个机会，两男一女，竞争上岗。几轮测试，无论理论基础还是动手能力，贾佳一路领先，胜出几乎已成定局。但是，最终她还是没有被录用。招聘人员悄悄告诉她：“你很优秀，可是男生更适合这个岗位！”

想一想女生就业为什么比男生困难？我们从现在起应该做好哪些准备？

"寻找缺失的那一半"

在古希腊神话中，最初的人是球形的，体力和智慧超凡，众神之王宙斯担心球形人冒犯神灵，令诸神将其劈为两半：一半为男人，铁骨铮铮，却缺了一点似水柔情；一半为女人，温柔娇媚，却少了一点侠气英姿。从这个神话故事可以看出，人们很早以前就已经意识到，男女两性互为依存，共同发展，组成人类社会。西方先贤柏拉图曾说："人本来是雌雄同体的，终其一生，我们都在寻找缺失的那一半。"

思维火花

一起郊游引发的思考

班上要组织一次郊游，班委会决定让同学们自由组成烧烤小组解决午餐问题。生活委员列出了烧烤活动的分工清单：1. 统计出游人数，计算并收取每位同学承担的费用；2. 搬运烧烤需用的炉具和木炭；3. 清洗蔬菜和水果；4. 烧烤食物……

结果：清一色男生组成的小组中，男孩们急急忙忙地完成烧烤后，个个狼吞虎咽，一会儿就风卷残云般地吃完了全部食品，只剩下一点儿没洗干净的菜叶。清一色女生组成的小组中，女孩们为搬运炉具和食材耽搁了许久，一路尖叫不断，烧烤好的食品扔掉的比吃下去的多。只有男女混合的小组呈现一片全然不同的景象：烧烤时组员分工明确，井然有序；就餐时男生彬彬有礼、你谦我让，女生细嚼慢咽、温文尔雅，惹得其他组的同学羡慕不已。

这次郊游活动的结果说明了什么？

美国科学家曾发现一个有趣的现象，在太空飞行中，60% 的宇航员会出现头痛、失眠、情绪低落的症状。后来有关部门接受了心理学家的建议，在清一色的男宇航员中增加了一位女性，这种症状就很自然地消失了，这就是人们常说的“男女搭配，干活不累”。事实说明，生理上的性别差异是与生俱来的，并无优劣之分，在复杂多样的社会生活中，我们要懂得优势互补的道理，学会与异性共处与合作。

智慧树叶

巧夺天工的榫卯工艺

榫卯，被称为“巧夺天工”的中国古典智慧，诞生在 7000 多年前的河姆渡新石器时代，是比汉字更早的民族记忆。作为中华民族独特的工艺创造，榫卯结构蕴含了古人的哲学智慧。

榫卯是在两个木构件上所采用的一种凹凸结合的连接方式。凸出部分叫榫，凹进部分叫卯，榫卯咬合，起到连接作用，构成巧妙且富有弹性的框架，完美体现了中国古代哲学中“阴阳互补、虚实相生”的道理。正是由于榫和卯的配合，木构器具才有了天长地久的存在。

尽管男女各有性别优势，但是随着社会文明的发展，人们进一步意识到：一个人身上越是蕴含异性的特质，在人性上就越是丰富和完整。优秀的男女往往集两性优点于一身，既有自己性别的鲜明特质，又巧妙揉进了另一性别的优点。

消防队的花木兰

消防员，是一种特殊的救护职业。2000 年 9 月，一个名叫杨丹的 23 岁女孩向领导递交了申请书，成为新中国第一位冲在火场一线的女消防警官。消息传开，消防队内一片哗然，40 多名男消防队员议论纷纷：“来个女的，她能行吗？”

经过一次次共同战斗，消防队员们开始钦佩起这位女警官了。灭火工作非常辛苦，特别是在北方零下几十摄氏度的严寒中，浑身常常被冻成一个“大冰坨”，但杨丹始终冲锋在前。在日常生活中，杨丹以女性的细腻和温情丰富着消防队的生活。战士病了，她利用自己掌握的医学知识为战士看病；战士过生日，她把蛋糕送到宿舍……她的战友们都由衷地称她为“消防花木兰”。

“女神”辩论赛

辩论主题：什么样的女孩能成为“女神”

正方论点：女孩应充分发挥女性的性别优势，成为“以柔克刚”的“女神”

反方论点：女孩可以吸取异性的特质，成为“刚柔并济”的“女神”

活动规则：1. 全班女生自由组队，确定人数相等的正方、反方队员；

2. 分头准备支持各方论点的相关资料，争取以事实说话；

3. 辩论过程中可以邀请老师和男生代表组成评审团；

4. 辩论结束时评选“最佳辩手”。

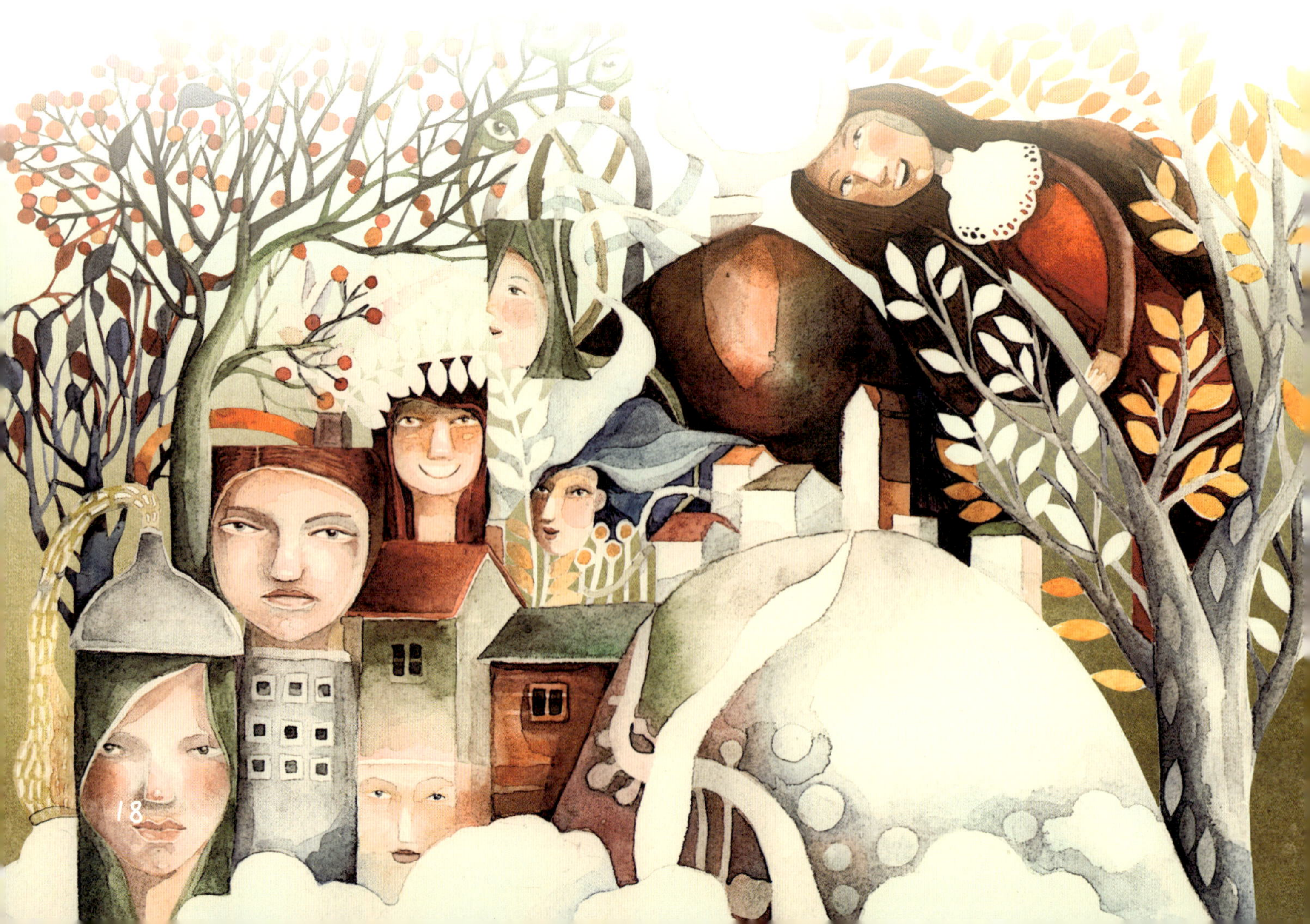

第二课

美的追求

思考题
* 为什么说"女孩是含苞待放的花朵"？
* 饮食、睡眠和运动与美丽有什么关系？
* 怎样做个"气质女生"？

待放的花苞

因为是花苞，才有了待放的想象；因为是花苞，才有了成长的希望，有了对未来的美好期待。每一个女孩都是待放的花苞，蕴含着无限可能的美丽。

思维火花

小女孩与蝴蝶结

珍妮一直觉着自己长得不漂亮，总爱低着头。有一天，饰物店的老板向她推荐了一只紫色的蝴蝶结发夹，赞美她戴上蝴蝶结后很漂亮。珍妮感到镜子里戴了发夹的自己确实很美，不由地挺起了胸、昂起了头。可惜在走出店门的时候，蝴蝶结不小心被人撞掉了，但当时的她没有觉察。

珍妮来到学校，老师看见比平时精神百倍的她，忍不住爱抚地拍拍她的肩说："珍妮，你真美！"那一天，她得到了很多人的赞美。她想，这一定是蝴蝶结的功劳。可她回到家往镜子里一照，头上根本就没有蝴蝶结，而那个自信又略带点儿娇羞的自己的确非常动人。

读了这个故事，我发现美来自于__________，来自于__________。

爱美丽是女孩的天性。豆蔻年华的女孩，无论高矮胖瘦，都是美丽的，只要你自信地抬起头。每天重视个人清洁卫生、用心整理服饰搭配、注意行为举止的文明等，都会给你的美丽加分哦！

你知道如何洗脸吗

走近青春期，有些女孩的面部油脂分泌可能会变得旺盛。这时候早晚的面部清洁就显得格外重要。洗脸不仅能给自己带来干净清爽的感觉，也能使自己长期保持面部的美丽。

“脸”的忠告

1. 别用脏手碰我，脏手会把细菌带给我，引起粉刺或其他皮肤问题。

2. 清洗要彻底，不要遗漏鼻翼、嘴角、额头等部位。

3. 我喜欢温水。既能保证毛孔充分张开，又不会使皮肤天然的保湿油分丢失。

4. 如果使用洁面产品，请选择性质温和的洁面乳。

5. 尽量少用化妆品。冬季可以适当涂抹一点润肤品。

赫本的永恒之美

如果你看过电影《罗马假日》，一定忘不了美丽的女演员奥黛丽·赫本。事实上，据她母亲回忆，小时候的赫本长得并不好看。但赫本懂得扬长避短，直到今天，她的着装、打扮和配饰还在被人津津乐道。许多服饰搭配因她而红，比如衣服打结的方法、七分裤、芭蕾舞鞋、太阳眼镜、高领毛衣套头衫、无袖露肩西服、风衣配A字裙、蜂窝盘发等，她所代表的优雅风格，至今盛行。

赫本一生共获得五次奥斯卡最佳女主角提名，是全世界最杰出的女演员之一。她还是联合国儿童基金会的亲善大使，为争取妇女和儿童的权益做了大量工作。赫本的爱心与人格魅力犹如她的电影一样璀璨人间。

着装得体是一门艺术

作为小学生，我们在穿戴方面不需要像明星那样讲究，只要保持整洁、朴素大方即可。但是，不同场合下注意自己着装的得体，既显示了一个女孩子的修养，也是对别人的尊重。请你为自己去不同场合（如早锻炼、生日派对、出席婚礼、祭扫烈士陵园等）设计合适的服装，说一说、画一画或拍张照片都可以哦。

丹丹为什么落选了

丹丹是四年级（2）班的骄傲。她聪明、勤奋，具有强烈的上进心和求知欲。在担任中队干部期间，她热心班集体工作，常常得到老师的表扬。

然而在参加学校新一任大队委员竞选时，她却惨遭淘汰，老师和班上的同学都为她感到惋惜。通过询问其他班级的少代会代表，才知道很多同学认为丹丹平时有的行为比较夸张，喜欢在走廊上大呼小叫，有时候还和男生打打闹闹。代表们觉得她的举止不够文明，怎能胜任大队委员的重托呢？

丹丹万万没想到自己落选的原因竟是这个！假如你是丹丹的同学，你有什么好建议给丹丹吗？

孔子曾说："不学礼，无以立。"礼仪是人们在生活中形成的文化积淀，也是个人塑造美丽形象的重要手段。在生活中，穿着讲究礼仪，可以变得大方；举止讲究礼仪，可以变得高雅；交谈讲究礼仪，可以变得文明……讲究礼仪，会让你变得充满魅力。

文明举止，从日常做起

有一种文明，存在于我们的日常生活中。合理使用你的体态语言，就会让生活变得更美好，你做到了吗？

姿势	文明的体态举止	我做到了吗
站立		
行走		
坐下		

美丽的“保护伞”

女孩的美丽还取决于生活态度。健康的饮食习惯、良好的睡眠质量和适度的体育锻炼都是维持健康和美丽的重要条件。

世界卫生组织研究证明，人类健康的 15% 取决于遗传，10% 取决于社会条件，8% 取决于医疗条件，7% 取决于自然条件，而 60% 取决于人们日常的生活方式。生活方式对人们的身心健康和美丽起着决定性的作用。

思维火花

她失去了天使般的容颜

在第二次世界大战前夕，一对青梅竹马的小朋友被迫告别。男孩因家境富裕，将跟着家人去国外避难，而女孩家境贫困，只能留下。分开前，男孩告诉女孩：“你长得像天使一样美丽，长大了我一定回来娶你。只要能和你重逢，我一定能认出你。”

男孩走了。女孩在残酷的战争中饥寒交迫，为了生存下去，她改变了原有的生活方式。几年以后，当这位女孩在街上无助地行走时，恰巧遇到了当年青梅竹马的男孩，可是男孩并没有认出承诺过要娶的女孩。擦身而过的女孩也不敢与他相认，因为她深深地知道，这些年堕落的生活让她染上了毒瘾，她的样貌已不再像天使。

是什么让成年后的女孩失去了天使般的容颜？

健康是美丽的前提。失去健康，美丽也不复存在。因此，我们爱美，首先要爱惜自己的身体。我们可以从哪些方面入手来保持健康和美丽呢？

不可忽视的睡眠问题

睡眠作为生命所必须的过程，是机体复原、整合和巩固记忆的重要环节，不能掉以轻心。对女孩子来说，养成科学合理的作息习惯至关重要。只有睡饱睡好，才能让健康美丽常相伴哦！

快速入睡小诀窍

临睡前应避免思考过于复杂的问题、进行剧烈的运动和说太多的话，否则大脑过度兴奋容易导致失眠。洗个热水澡、喝杯热牛奶、听点轻音乐，放松一下有助于快速入睡啦！

饮食不仅直接关系到身体健康，有时还会影响到一个人的胖瘦。暴食暴饮不可取，随意饿肚子也是不利健康的。早饭吃得饱，午饭吃得好，晚饭吃得少，一日三餐均衡用餐，才能成为健康漂亮的美少女。

请设计一份周末午餐菜单

随着生活水平的提高，人们越来越重视饮食健康与安全。请你利用周末休息时间，为全家人设计一份健康的午餐菜单，既要注意荤素搭配，也要考虑选用当令时蔬。如果还能兼顾各位用餐者的嗜好、食材色彩的搭配，辅以合理的烹调手段，那就要为你点个大大的赞啦！

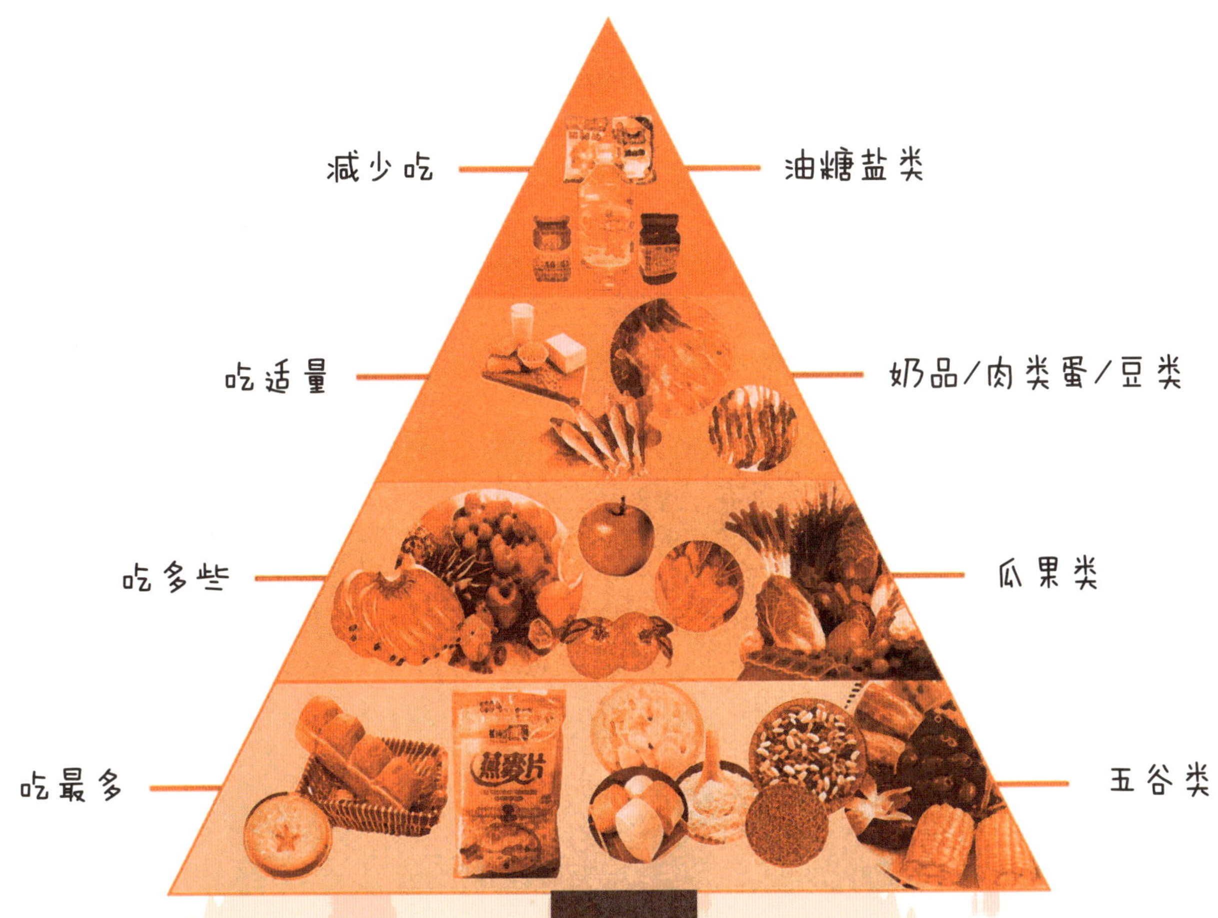

生命在于运动，运动对女孩的身体健康和保持良好身材的作用是众所周知的。研究表明，从小坚持运动的女生成年后对疾病有更好的免疫力。

倩倩的烦恼

倩倩是个品学兼优的女孩子。和很多女孩一样，她非常注重自己的形象。每次出门前，总会细心打理好自己的服装，走路时昂首挺胸，待人接物时面带微笑，显得落落大方。她有一个小秘密，为了保持纤细的身材，她刻意控制饮食，胃口变得越来越小了。

但是，倩倩有一道迈不过去的坎，那就是“体育达标”。几乎所有的运动项目她都达不到及格线。有一次，在400米跑道上刚起跑，她一个踉跄差点摔倒，脸色苍白，额上渗出冷汗……校医诊断：体质太差，缺少锻炼。

倩倩应该怎样迈过“体育达标”这道坎呢？

我的体锻计划书

踢毽子、跳橡皮筋都是很多女孩喜爱的体育运动。除此之外，健美操也是非常适合女生的一项锻炼方式。它的运动负荷适中，动作优美，自由度大，而且娱乐性强，适合人群广。如果你不想花额外的时间在体锻上，也可以把每天的晨练放在上学和放学的路上，慢跑也是一项很大众化的运动哦！

我的体锻计划书			
体锻项目：	跳绳	体锻项目：	
时间安排：	每天半小时，下午放学后	时间安排：	
体锻场所：	小区的花园里	体锻场所：	
自我激励：	贵在坚持	自我激励：	

做个“气质女生”

2017 年初，在第二季“中国诗词大会”的舞台上，武亦姝、姜闻页和侯尤雯三位“00 后”美少女出口成章，她们的诗词修养轮番刷爆朋友圈，以致有人惊呼：“满足了对古代才女的所有幻想。”是的，她们让我们领略到当代“气质女生”的风采。

腹有诗书气自华

16 岁的才女武亦姝在总决赛中成功登顶。据估计，她的诗词量可能超过 2000 首。她在飞花令环节脱口而出：“七月在野，八月在宇，九月在户，十月蟋蟀入我床下。”现场评委拍案叫绝：“这肯定是童子功，从小积累到现在！”

13 岁的才女侯尤雯是本届诗词大会从百人团进入挑战赛的年龄最小的选手，她的诗词量达到近千首。她说：“别人的诗词可能是爸妈教的，我却是自学的。沉浸于古诗词，让我有了一个非常快乐幸福的童年。”

另外一位才女姜闻页，5岁时读过的书就与她身高等高；10岁时，读过的书摞起来有两个她那么高。今年16岁、文学天分很高的她，表示未来想读理科，理想的学府是清华大学或者北京大学。

读书好比串门儿

我觉得读书好比串门儿——“隐身”的串门儿。要参见钦佩的老师或拜谒有名的学者，不必事先打招呼求见，也不怕搅扰主人。翻开书面就闯进大门，翻过几页就升堂入室。而且可以经常去、时刻去。如果不得要领，还可以不辞而别，或者干脆另找高明，和他对质。不问我们要拜见的主人住在国内国外，不问他属于现代古代，不问他什么专业，不问他讲正经大道理或是聊天说笑，都可以挨近前去听个足够……话不投机或言不入耳，不妨及早抽身退场，甚至砰一下推上大门——就是说，啪地合上书面——谁也不会嗔怪。

——著名作家杨绛

女孩容貌的美，给人一种悦目的感受，唯有从内心沁出的文静、聪慧才具有震撼人心的美。要想成为“心静如水、人淡如菊”的“气质女生”，一个重要的法宝就是让读书学习成为习惯。多读书，增加一点书卷气，从而使自己灵魂欢畅，精神饱满而丰盈。

制作个性读书卡

如果你像杨绛奶奶所说，把读书当成串门儿，那么，你一定会发现读书的确很有趣。你可以找一本自己心爱的书，把好词好句摘录下来；也可以围绕某个主题（如春天、沙滩等）寻找相关的描述剪辑到一起，然后制作一张融文字、图画、设计于一体的个性读书卡。闲暇时阅读自己制作的读书卡，你会发现：那些或俏皮或典雅的文字就像有生命的小精灵在与你对话……

学习，也许是我们每天听到最多的词。在家里，爸爸妈妈督促我们认真学习；在学校，老师教我们如何学习；每天，我们带着梦想努力读书学习。那么，学习一定是一种“高大上”的修炼吗？不，读书学习其实很平常，贵在感兴趣并持之以恒。

学海无涯苦为舟

在读书学习的道路上，没有捷径可走，也没有顺风船可驶，如果你想要在广博的书山、学海中汲取更多的知识，“勤奋”和“刻苦”是必不可少的。

为国扬威的女外交官

在全国人大新闻发布会上，端庄优雅的女发言人傅莹总是格外引人瞩目，人们为她的秀外慧中和敏捷机智所折服，为她的能言善辩和笑如春风所倾倒。她是中国第一位驻大国女大使，以善于沟通著称，曾任外交部副部长。她曾通过多次危机公关为中国挽回声誉，享有“危机大使”的美誉，外国媒体评价她是一位“难得的坦率和富有人情味”的外交家。

傅莹从小就热爱读书。阅读的爱好，训练了她缜密的逻辑，也培养了她独立思考的能力。16 岁上山下乡，在繁重的体力劳动之余，她依然坚持自学，完成了高中各科目的学习。后来参加高考，她的数学得了满分，被同学们戏称为“数学家”。正是这种“数学家”的精神激发她孜孜不倦地努力，不断提高专业技能。傅莹的成功离不开她的文化修养和刻苦学习。

第三课

保护好自己

思考题

* 我们身体有哪些部位是“禁区”？
* 怎样提高自我防范意识？
* 你知道如何寻求身边有效的保护吗？

第三课

保护好自己

女孩的“秘密花园”

伴随着成长的脚步，你有没有发现自己身体和心理正在悄悄地发生着变化？个子长高了，体重增加了，还有胸部的变化……真是个令人感到困惑和尴尬的时期。其实，每个女孩子的生长发育早晚是不一样的，早点做好心理准备，有助于我们成长得更幸福、更健康。

我的身体我做主

这三幅图中的女孩做得对吗？为什么？

每个人的身体上都有“禁区”。游泳时泳衣遮住的地方是我们身体的隐私部位，没有得到本人的允许是不可以随便触摸、随意查看的，这就是我们身体的“禁区”。

生活中要有防范意识

1. 夏季公共汽车上，有人在你身后贴紧你

A. 和别人换个位置　　B. 大声质问他“想干嘛”　　C. ________

2. 一个社会教育机构的男老师留你一个人补课

A. 请同学陪着你　　B. 找个借口予以拒绝　　C. ________

3. 邻居大伯喜欢用手摸你的脸，夸你漂亮

A. 看见他躲着走　　B. 避免与他单独相处　　C. ________

4. 晚上你在僻静的马路上遇见陌生男人跟在你身后

A. 尽快往人多的地方走　　B. 大声对着他身后喊“爸爸”　　C. ________

社会上有那么一些人，也可能是熟人或很亲近的人，喜欢对女孩动手动脚，他们是很危险的。如果你发现有人企图触摸你的“禁区”，令你不舒服，一定要设法避开并及时告诉一个你信任的人，保护好自己。

乐乐的“不快乐”

乐乐是四年级学生了，红扑扑的小脸蛋上长着一双水灵灵的大眼睛，整天开开心心的。有一天，乐乐上厕所的时候无意瞟了一眼内裤，发现上面全是黑黑的污物，她吓了一跳，以为自己把大便弄到裤子上了，她用卫生纸擦了一下，回家赶快把内裤换了。第二天乐乐上厕所发现内裤上又有了脏东西，她不明白是怎么回事，变得闷闷不乐了。

你知道乐乐发生什么事了吗？应该怎样对待？

女孩每个月的“例假”

女孩身体开始发育后会来月经。有的人来的早一点，有的人晚一点；有的人来的多一点，有的人少一点；有的人日期很固定，有的人刚开始时不正常；有的人来时没啥感觉，有的人肚子有点胀痛，这都是正常的，用不着紧张和担心。

女孩要特别注意个人经期卫生：

1. 保持阴部的干燥卫生，及时更换卫生用品。
2. 每天用温水清洗阴部，最好不用浴盆洗澡，不去游泳。
3. 注意保暖和休息，避免剧烈活动。

女孩发育“早知道”

8—9 岁：女孩脱离幼儿体态，不再是“圆滚滚”的小身躯，小屁股也开始变圆啦。

9—10 岁：让女孩感到“羞羞”的小乳头突然冒出来，好奇的你悄悄用手去触碰，会感到有微微的疼痛。同时，女孩的身高增长开始突飞猛进。

11 岁：尿道口周围开始长出纤细的毛——阴毛。

12—13 岁：乳房进一步鼓起来，腋下也开始长出体毛——腋毛，身高增长速度达到高峰。

此时，女孩开始月经初潮，但不规律，没有排卵。

14—15岁：开始出现排卵性月经。

注：每个人的发育周期有早晚，这里说的只是一般规律。近年来女孩的发育周期有提前趋势。

芳芳，挺起你的身子

莉莉和芳芳是一对好朋友。莉莉长得矮，像个小男孩。芳芳长得高，像根细竹竿。莉莉发现芳芳最近老是低着头，好像有心事的样子。她悄悄问芳芳，芳芳支支吾吾地说："小孩子，你懂什么呀！"原来芳芳的乳房从去年开始发育了，穿着衣服都能看到微微隆起，她本来就长得高，只好经常含着胸，走路低着头，不敢把胸挺起来。

芳芳碰到的问题，是许多高个子女孩都会面临的问题。如果你是她的好伙伴，该如何帮助她呢？

保护好自己的胸部

丰满的乳房，是显露女性特征的重要部位，也是女孩健美的关键标志。如何才能护养好乳房呢？

注意姿势：平时走路要抬头挺胸、收腹紧臀，坐姿也要挺胸端坐，不要含胸驼背。

防止挤压：注意睡姿，尽量不要俯卧。

选好乳罩：要选择柔软、透气型的，大小一般以罩住乳房为宜，不要使乳房有压迫感。

远离诱惑

信息技术的迅猛发展，给我们的生活带来极大的便利。但是，利用网络犯罪的坏人也越来越多，手段越来越高明。声讯和网络世界充满了形形色色的诱惑和陷阱，我们女孩一定要提高警惕，保护好自己，免遭损失和侵害。

发微博泄露行踪被害

2013年冬天，深圳市一位高二女生突然失踪了。这是一个喜欢上网玩游戏聊天的姑娘，经网友的接力转发和深圳公安部门的调查后，人们找到了她的遗体，经现场勘查鉴定系他杀。凶手正是根据她的微博查找到她的行踪，蓄意谋杀了她。

说一说，我们应该怎样安全使用手机和互联网？

“小网虫”的“四不要”

1. 不要随便在网上公开个人的真实信息。

2. 不要随便点击不知情的网站链接。

3. 不要随便进入陌生的聊天室。

4. 不要随便与网上结识的朋友见面。

大部分女孩都有自己特别喜欢的歌星、影星或球星。喜欢明星、欣赏明星、崇拜明星，这是一种常见的少女情怀，无可非议。

我所喜爱的明星

盘点一下我们班女生喜欢的明星吧，最后把人气指数最高的三位明星填入下表：

明星姓名	所属领域	喜欢的 N 种理由
胡歌	影视	帅，上海旅游形象大使

离家出走的少女

一个寒冷的冬天，火车站民警在巡逻时发现，一名少女独自在广场又哭又闹，妨碍了交通。看到民警，女孩更加激动："不要你们管！我要去找我男朋友。"经过民警耐心劝导，女孩才慢慢冷静下来。她自称在一所中学念初中，这次打算乘火车去外地找她的男朋友。因没有身份证被拒绝进站乘车，只好在广场上哭闹发泄。"你男朋友在外地读书吗？"民警问。女孩有些不好意思起来，她红着脸告诉民警说，自己一厢情愿地把一名著名歌星当成自己的男朋友，这次是想去参加他的演唱会。

面对这个痴迷的追星族，民警一边耐心开导教育，一边联系其家人，最终安全地将她送回家。亲爱的女孩，你如何看待这件事？

心理学家分析，追星族心理或称"青春偶像热"心理，是一种在"光环效应"形成的夸大的社会印象和盲目的心理倾向，从而把个人喜爱的人物看得完美无缺，导致高度认同和依恋。这种偶像崇拜，既反映了少男少女渴望重塑自我、期盼成功的愿望，也暴露出盲目崇拜的浮躁和幼稚。

贪吃蜂蜜的小羚羊

很久以前，一只小羚羊闯进了国王的御花园，被正在剪修果树的园丁看到了。他没有惊动这只可爱的小羚羊，而是任它到处游逛，采食一点鲜花和香果。

可是，国王听说御花园里有了小羚羊，感到十分新鲜，就对园丁说："我很想见见这只小羚羊，你有办法把它捉到王宫里来吗？"园丁想了想对国王说："只要陛下赏赐给我一罐蜂蜜，我就可以让它自动到宫里来。"园丁把蜂蜜涂抹在小羚羊经常出没的地方的花草上，自己则隐藏在草丛里。后来，小羚羊吃到了涂有蜂蜜的花草，越吃越爱吃，再也不吃别的花草了。于是，园丁便拿着涂抹了蜂蜜的花草，一步一步把小羚羊引进了王宫，献给了国王。贪吃，使小羚羊成了国王的"阶下囚"。

抵制诱惑的小诀窍

1. 避开诱因，拒绝引起迷惑的诱因，提高自制力。
2. 联想后果，提醒自己远离不良诱惑。
3. 培养良好的个人兴趣爱好。
4. 养成专时专用的好习惯，使自己的生活有序而充实。
5. 请人监督自己的行为，战胜不良诱惑。

女孩切记不能好奇、贪吃和爱占小便宜。一颗糖、一支烟、一个小礼品、一次不经意的“尝试”、一番甜言蜜语，都有可能危害我们平静的生活，把我们拖进毒品或其他陷阱。防范诱惑，一定要守住自重和道德的底线。

请为小丽支个招

9 岁的小丽有个特别幸福的家，可是当妈妈生了小弟弟后，小丽感觉父母和爷爷奶奶把爱都集中给了弟弟，她失落极了。她在街上结识了一位小姐姐，经常安慰小丽，还会送她一点小零食，小丽把她当成无话不谈的闺蜜。

这一天，小姐姐说带小丽出去散散心，小丽跟着她走进一个陌生的屋子，屋子里有人在喝酒，有人在唱歌，一个男生递给小丽一支烟……

请你分析一下，小丽碰到了危险吗？怎样逃脱？

险情分析：
1. 翘课
2. 离家出走
3. 吸毒
4.

解救办法：
1. 提醒小丽有危险
2. 同学给予帮助
3. 告诉小丽父母
4.

毒品的危害

毒品之“毒”就表现在它能使吸食它的人，在不知不觉中上瘾，而上瘾后又极其难以戒断，形成对它的身体依赖和心理依赖。身体依赖可以通过药物和强制戒毒办法消除，更困难的是消除心理依赖。因此，吸食毒品上瘾，不仅意味着个人前途的毁灭，而且也给家庭和社会治安带来极大的隐患。

更多的保护

我们生活的世界是美好而精彩的，可是美好而精彩中也会有缺陷。面对复杂的社会，一个女孩子的力量是微不足道的，但我们不是孤独无助的。当危险不期而至，你知道怎样寻求身边有效的保护吗？

活动天地

假如是我遇到……

其实，我们身边有许多简单便捷的求助渠道，要学会寻求家庭、学校、社会各方面对青少年的保护，让自己更安全、健康、快乐地成长。

动漫真人秀少女的遭遇

日本有个 12 岁的女孩惠子非常喜欢动漫真人秀，她在网上结识了一位摄影大叔。这位大叔带她和其他同学出席了好几次摄影协会组织的真人秀活动，所以女孩们非常信任这位大叔。可是，这一天大叔把女孩们带到一片偏僻的小树林，借口要拍个人秀将其他人留在了车上。他把惠子带到树林中，突然性情大变，对惠子提出了“将双腿分开一些”等猥琐要求，最后无耻地侵犯了她的身体。

惠子当时由于恐慌没有抵抗，但在回家之后还是告诉了母亲，事件得以公布于众。面对类似的事件，女孩，你会如何做？

冷静、机智对待侵犯

1. 遇到危险要冷静、机智，勇敢说“不”并大声呼救。
2. 认清周围的环境，尽量记住犯罪人的声音、容貌等特征。
3. 一旦被侮辱，要尽力保存证据，及时告诉你所信任的人并报警。

我们是阳光女孩，一定要好好保护自己。生活中有时需要你用冷静和智慧来应对各种突发的小插曲。万一陷入无法逃脱的侵犯时，千万不能硬拼。请你一定要记住：保护生命是最重要的。

电视台的测试

一家电视台组织了一次对青少年自我防范意识的采访。摄制组驱车来到一所小学校园的门口，一位记者对刚刚走出校门的孩子们说：“我们是电视台的，想挑几个女孩去当电视剧的小演员……”

摄制组悄悄拍摄到的 N 个镜头：

一个女孩眼里露出期待的目光，在犹豫。

一个女孩说：“我要问问老师去。”

一个女孩悄悄拿出手机，拨打“110”。

一个女孩神气地说：“嗨，叔叔！你看我去怎么样？”

爱惜我自己

我们是爸妈相爱

创造的生命奇迹，

需要我们在感恩中学会珍惜。

就算有天爸妈离去，

他们也在天际守望着你。

爱父母，

就试着通过努力让自己自强自立自理。

第四课

人际财富

思考题
* 为什么说良好的人际关系是宝贵的财富？
* 如何向父母长辈传递我们心底的爱？
* 怎样与同性或异性朋友相处？

百善孝为先

亲情是一种本能，是人生最宝贵的精神财富。在漫长的人生道路上，父母把全部的爱给了孩子，这份亲情对我们的成长和发展具有难以替代的滋润和营养作用。

重视亲情和血缘关系是我们中华民族的历史文化传统。自古以来，人们就把父母抚育子女、子女孝敬父母，看成是做人的基本道德。古人曰：“孝，德之本也。”认为只有孝敬父母的人，才能成为一个有责任心的高尚的人。

感动亿万人的歌声

2011 年在中国达人秀的舞台上，来自呼伦贝尔大草原的小男孩乌达木，以一曲《梦中的额吉》打动了亿万观众。一时间，他演出的视频借助网络迅速传开，他那纯净的歌声、清澈的目光以及对母亲深深的眷恋，像一股清泉缓缓流淌在每一个人的心田。

乌达木的母亲在他 9 岁时去世，11 岁时他的爸爸遭遇车祸身亡。从此，小小的乌达木经常孤独地站在大草原上，遥望落日余晖，含泪吟唱《梦中的额吉》，他希望天上的爸爸妈妈能听到他的歌声……

说一说：《梦中的额吉》表达的是一种什么情感，为什么打动亿万人的心？

任何一种亲情都能让我们在严冬里体会到温暖，在酷夏里享受到清凉。感念亲情，正是人所以立世为人的根本所在。

难忘妈妈的叫早

小橘是个孤身在大城市打拼的女孩子。有一天临睡前她发现自己忘了给小闹钟买电池，就给在外地生活的妈妈打了一个长途电话，让妈妈第二天打个叫早电话，以免自己睡过头，耽误了第二天的重要会议。

第二天小橘在睡梦中被电话铃惊醒，一看只有五点多钟，就对着电话叫起来："妈，你太早啦，我还想多睡会呢！"电话里妈妈什么也没说，悄悄地挂了。

傍晚，小橘收到爸爸的短信："女儿，今天你妈妈一直在后悔，电话打得有点早。但是昨晚她根本没睡好，生怕误了时间。"小橘心底涌起一股热浪，眼角渗出了泪花。

智慧树叶

中华传统文化中的“孝”

在中华传统文化中，“孝”是重要的组成部分。孝的一般表现为孝顺、孝敬等，通常指儿女的行为不应该违背父母、家里的长辈以及先人的心意，是一种稳定伦常关系的表现。

儒家著作《孝经》提出“人之行，莫大于孝”，对我国古代社会影响很大。传说系孔子所作，但南宋时已有人怀疑是出于后人附会。在其他古代典籍中，“孝道”也是重要的话题，如《礼记·曲礼》中有“凡为人子之礼，冬温而夏凊，昏定而晨省”，意思是说，冬天要留意父母穿衣是否温暖，居处是否暖和，夏天要考虑怎样让父母感到凉爽。每晚睡前要照料父母就寝，早起要看望父母，问身体是否安好，等等。

随着年岁的增长，生活中渐渐地发生了一些小变化，我们不再整天黏着爸爸妈妈，不愿意和父母分享自己的快乐和烦恼，有时还会抱怨他们的唠叨……

我喜欢这样与父母相处

请根据自己的喜欢程度在图下的括号里填入 1—5♥，并说一说为什么。

“爸爸给你一个吻！”
（　　　　　　）

“全家一起去运动。”
（　　　　　　）

“不要和男孩走得太近！”
（　　　　　　）

"妈妈，起来吃药吧！"
(　　　　　　)

"亲亲一家人！"
(　　　　　　)

"上课要认真听！"
(　　　　　　)

"女孩要文雅些！"
(　　　　　　)

"都是你喜欢吃的菜！"
(　　　　　　)

"别动，去学习吧！"
(　　　　　　)

奶奶，爱您没商量

小芸的奶奶从老家来儿子家暂住看病，爸爸妈妈让她与小芸同住小房间。奶奶很喜欢这个从小没见过面的孙女儿，小芸从心里敬爱远道而来的亲奶奶。但是，没过几天两个人就闹起矛盾来。

小芸看不惯奶奶把各种各样的破纸盒子和瓶瓶罐罐都收拾到卧室里来，堆得满屋子到处都是，奶奶不习惯小芸晚上看书还要听音乐、吃零食。后来爸爸妈妈知道了，爸爸帮奶奶准备了一个大箱子给她堆放杂物，妈妈找小芸谈心，告诉她看书时要专心，奶奶年纪大了，要听从老人的劝告。

一家人和睦如初。

你认为和父母长辈相处产生烦恼、冲突的原因有哪些？

____

____

____

孩子与长辈有着不同的观念，出现代沟是很正常的。怎样处理好与长辈之间的代沟呢？在和长辈发生冲突的时候，试着这样做一做：

关心（孝顺、尊重……）

接纳（理解、体谅……）

折中（保留意见、商量……）

沟通（交谈、写信……）

换个角度想一想：与长辈发生冲突——可不可以避免？

争吵或冲突的原因——你理解他们吗？

当时我的表现——你做得对吗？可以控制一下情绪吗？

长辈的表现——他们这样做有苦衷吗？能沟通一下吗？

都说女儿是父母的贴心小棉袄，其实“小棉袄”离不开父母长辈及家人的呵护和温暖怀抱。英国著名的剧作家莎士比亚有一句名言：“被人爱与爱别人的人啊，你才是真正幸福的人。”请珍惜在父母长辈身边生活的点点滴滴，尊重他们的生活习惯和方式，不要吝啬表达你对他们的敬重和喜爱。

“闺蜜”相处之道

她是和你整天腻在一块儿你都不会不自在的人；她是和你说话时你完全不用伪装的人；她是在你得意时常泼你冷水怕你忘形的人；她是快乐时和你一起打闹，难过时给你个肩膀依靠的人；她是能分享你的小秘密并帮你保密的人；她是你读完了这段话第一个想起的人……

她就是人们日常所说的“闺蜜”，你有这样的朋友吗？

海伦·凯勒和她的老师

知道海伦·凯勒故事的人，不会不知道她的老师莎莉文。莎莉文认识海伦的时候，海伦只有 8 岁，是个又聋又瞎、桀骜不驯的小女孩。为了接近这个粗暴的小姑娘，莎莉文全力以赴，不仅教会了海伦很多事，读书、写字、甚至会用打字机，更重要的是教会她怎样与人交流和思考问题。

从那时候开始，莎莉文陪伴着海伦走过了 50 年，她用自己的关怀和爱心排解了海伦学习道路上的一个又一个障碍。由于她全身心地投入海伦的生活，以致自己唯一的男友也弃她而去。后来海伦成为一位学识渊博、通晓英、法、德、拉丁和希腊五种文字的著名作家和社会活动家，她和她闺蜜般的老师成为全世界公认的最美的女人。

莎莉文不仅是海伦的老师，更是她一生难得的闺蜜和宝贵财富。女孩子拥有良好的人际关系，不仅可以给生活带来快乐，更可以在遇到困难时得到雪中送炭的帮助和支持。

走过一段路，总能有一次领悟；经历一些事，才能掂出友谊的分量。每个人都希望自己拥有经得起感情冷暖风雨考验的闺蜜，那会是一生最宝贵的财富！多一点欣赏、宽容和理解，少一些指责、苛求和偏见，一定能帮助我们拥有更多的人际财富。

你更想和谁成为闺蜜

A

我不需要你天天和我腻在一起，但我希望在困难时有你的帮忙，难过时有你的安慰和陪伴，你可以吗？

B

我只是将我喜欢的东西给你欣赏，将我的快乐与你分享，并不想和你攀比，你知道吗？

C

谢谢你不计较我的外表、才华和其他，更谢谢对我的包容和鼓励，我想和你成为一生的闺蜜，你愿意吗？

D

我只把我的小秘密和你分享，也许丢脸也许“劲爆”，但希望你可以尊重我，为我保密，你能做到吗？

闺蜜相处四个“一”

“一”时冷静，不要冲动地将难听伤人的话说出口；
“一”阵反思，不要总想着她的错而忘了自己的失误；
“一”声道歉，不要怕丢面子而不愿意低头让步；
“一”次面对，不要让两人心里的“坎”把感情变淡。

一定要和闺蜜一起做的事，你做过几件

和闺蜜一起学习，哪怕我的成绩远远比不上你；

和闺蜜一起聊天，无话不谈，做彼此的情绪垃圾桶；

和闺蜜一起运动，虽然我没有你矫健的身姿；

和闺蜜一起逛街吃饭，不怕腿酸，不怕发胖；

和闺蜜一起游玩旅行，享受在路上最美的时光；

……

在友谊的框架内，你第一个想起的人，一定是最好的朋友。当然，她若第一个想起的也是你，那么，你们一定是两心相悦的至交。

你会发现，你与那个一辈子都要好的朋友之间，是有距离的。这个距离，不远也不近，不疏也不密。这是一颗心对另一颗心的持续欣赏，是一段情对另一段情的永久仰望。

制作友谊手链

材料：准备三根红绳。

步骤：

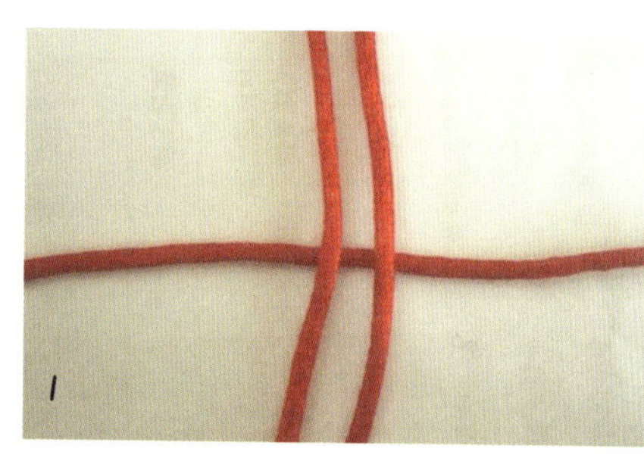

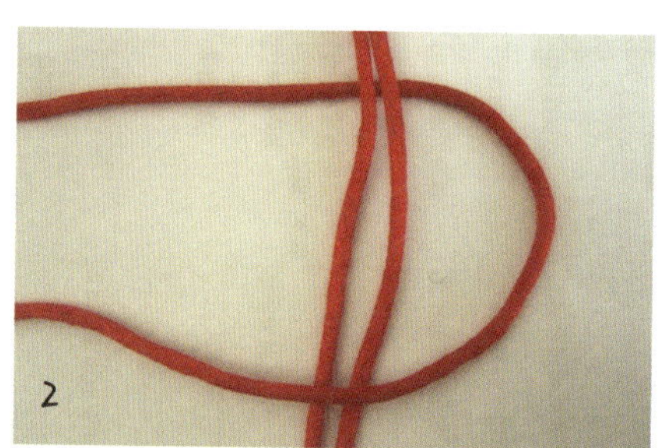

1. 两条红线做轴，还有一条放在下面。

2. 将下面的那根绳的一头甩到上面来。

3. 另一头与它打个结。

4. 拉紧。

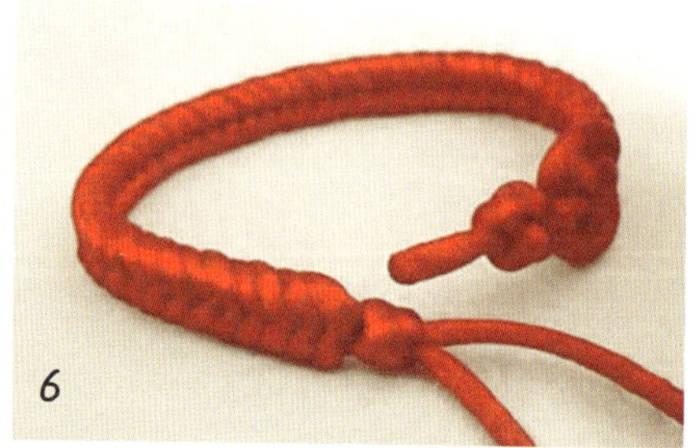

5. 用左边的那头作为甩线，按照上面的步骤继续。

6. 友谊手链完成了！

你在左 我在右

随着一天天长大，女孩和男孩之间会自然产生相互吸引、甚至倾慕的感情，这种感情是非常纯真而美好的。很多成年人在多少年过去以后，还会怀念“同桌的你”，就是在他们的心底存封着儿时的美好回忆。让我们与男生握握手，生活因有我们的不同而变得色彩绚丽。

女生男生对对碰

你知道男生愿意和怎样的女生交朋友吗？试着写下来，问一问身边的男生，答对的在旁边打“√”，看你答对了几题。

1. ____________________ 2. ____________________

3. ____________________ 4. ____________________

这个小调查，让我明白了 ______________________________________

男女同学之间正常、健康的交往：

① 既要相互尊重，又要自重自爱；

② 既要热情大方，又要掌握分寸；

③ 注意交往方式、场合、时间和频率。

我该怎么做

1. 我向他打招呼，他却害羞地低下头。

2. 他竟然与我画了“三八线”。

3. 放学时他塞给我一张小纸条。

4. 他邀请我参加他的生日聚会。

5. 他嘲笑我的闺蜜长了青春痘。

男生有男生的风格，女生有女生的特点。男女生应该理解彼此之间的差异，发现彼此的优势，学会互相尊重与欣赏。

不生气，便是晴天

小丽是个活泼爱运动的女孩子。她喜欢和班上的男生们一起玩球，有一次班级足球赛临时缺了个球员，她自告奋勇地上去踢了个“替补”，大家都说她是假小子。

一天，小丽的脸上发出了一颗青春痘，她觉得很难看，就常常不自觉地用手去挡住自己的脸。班上有个“淘气包”故意走上去拨开她的手说：“怎么啦？是不是和谁亲嘴了！”周围的同学都笑起来，事后班上有了关于小丽的闲言碎语。小丽像变了个人似的，不爱和男同学接触了。

说一说，为什么小丽发生那么大的变化？她应该怎样做？

阅读芳草地

一位父亲对女儿的忠告

爸爸并不认为自己有任何资格，可以给你有价值的人生忠告，相反在守望着你长大的日日夜夜里，看着你成长的无言喜悦，看着你从蹒跚学步到亭亭玉立的变化，与你一起生活带来的启迪、挑战和思考，仿佛使我更清醒地又经历了一遍童年，这是你带给爸爸的独一无二的收获和快乐。这种来自两代人生命相连的爱，正如你小时候说的，就像天上的星星，那是永恒的。

没有人可以照顾你一生，当你走上比爸爸走过的更遥远和未知的路，当你在爸爸难以想象的大世界建筑起属于你自己的生活时，你也注定会经历无助的困顿，貌似难以克服的障碍，那时候，你所掌握的知识和你的求知能力，将是你唯一的凭依和伙伴。

第五课

爱心天使

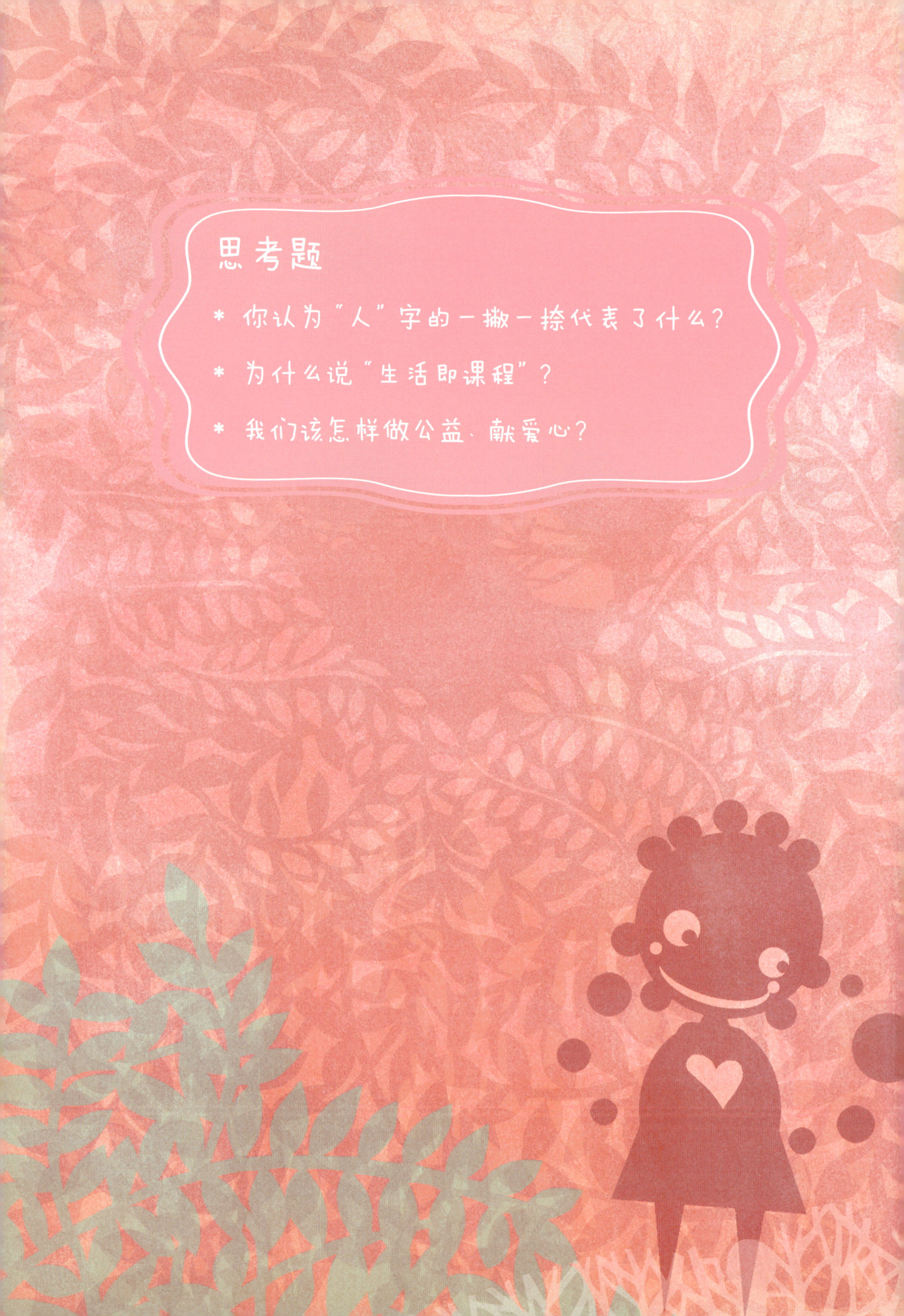

思考题

* 你认为"人"字的一撇一捺代表了什么？
* 为什么说"生活即课程"？
* 我们该怎样做公益、献爱心？

“人”字的支撑

“人”这个字，由一撇一捺组成，“人”字的结构就是相互支撑。有人说，世界上的男人和女人分别就是那一撇和一捺，共同组成了天地间最神奇的那道风景，而我们女孩，就是那美丽的一撇，你同意吗？

与你无关吗

这是一个真实的故事。小雅是一个任性的富家女，有一天她发现桌上的香蕉有点腐烂，抓起来就从楼上的窗子扔了出去。她的女伴想阻止她但没拦住，小雅不高兴地说：“与你无关！”可是，万万没想到的是，第二天小雅父亲的工厂发生火灾，厂房和物品烧毁了大半，因为当晚的警卫大叔临时离开，离开的原因是大叔的孩子吃了捡来的香蕉拉肚子了。

说一说，从这个故事中你得到了什么启示？

MOTHER TERESA

人是一种社会动物，是无法离开社会而单独生存与发展的。正如一首歌中所唱：“接受我的关怀，期待你的笑容，人字的结构就是相互支撑……告诉你一个发现，你和我都会感动，世界很小，是个家庭……”

NOBEL PEACE PRIZ

她，让战争停火

当年，南斯拉夫爆发科索沃内战，联合国调停了好几次，双方坚持不肯停火。有一位勇敢的女性不顾个人安危，亲自走进战区去拯救陷入炮火硝烟包围的妇女和孩子。在她的感召下，双方临时停火，等她把战区内的女人和孩子带走以后又重新开火。她就是享有“活着的圣人”称号的特蕾莎嬷嬷。

特蕾莎嬷嬷是一位令世人敬仰的女性，她从 12 岁起，直到 87 岁去世，一生致力于解除贫困，把自己的一切都献给了穷人、病人、孤儿、孤独者、无家可归者和垂死临终者，曾获得 1979 年的诺贝尔和平奖。

如果你是一个需要帮助的人，你是否希望拉住伸向你的手？如果你是一个可以帮助别人的人，你会不会伸出你援助的手？在他人需要帮助时伸出自己的手，即使微不足道，也能给人以助益；即使不足挂齿，也能给人以温暖。人世间爱的力量是不容小觑的，它往往能够缔造奇迹！

请收下我的女儿心

随着社会老龄化的加剧，社区里因为子女离家后独居的“空巢老人”逐渐增多，他们的生活状况成为社会热切关注的焦点。

请你利用课余时间和小伙伴到居住的小区打听一下，选择合适的对象上门拜访，提供力所能及的帮助吧。

“空巢老人”访谈记录表	
访谈日期：　年　月　日	访谈地点：
被访者信息：	
访谈内容记录：	
我们的帮助：	

全世界尊重生命的人们正在以不同的形式保护我们的动植物朋友。因为所有的生物都是我们人类的朋友，没有一种生物能够离开环境而独立生存。

为大猩猩献身的女动物学家

2005年，在非洲卢旺达的一个国家公园里，人们以传统舞蹈和演讲的方式举行了纪念美国女动物学家戴安·弗西去世20周年的追思会。

弗西曾在非洲丛林中与大猩猩朝夕相伴了18年。她克服了丛林寒冷、黑暗、泥泞和空气稀薄等恶劣环境造成的各种困难，学会了和大猩猩们交朋友。弗西偏爱的一只名叫迪吉特的雄性猩猩还会摆弄她的头发，在她情绪低落的时候，给她以抚慰。

但是，迪吉特等大猩猩不断被偷猎者残忍杀害。为了保护大猩猩，弗西勇敢向偷猎者们宣战。1985年12月26日，人们发现弗西在营地小屋里遇害，后把她安葬在她所热爱的大猩猩旁边。她的墓碑上写着这样一句话："没有谁像她那样热爱大猩猩。"

善待人类的朋友就是善待我们自己。再小的力量，也是一种坚持，让我们从身边做起吧！

活动天地

教室窗台上的种植园

妈妈买来的土豆发芽了，怎么办？家里屯着的洋葱、大蒜时间长了，不新鲜了又舍不得扔，还有什么用吗？拣菜时切下的菜根，只能和垃圾桶做伴吗？

不，生活垃圾也能变废为宝，聪慧的女孩，让我们一起用它们装扮我们的教室窗台吧！

材料：土豆、洋葱、大蒜、菜根等，口大一点的玻璃杯、塑料罐和饮料瓶。

栽培：把土豆、洋葱、大蒜等放在容器里，加入清水到它们底部三分之一处，注意不要把它们整个泡在水里，那样会腐烂的，然后在阴凉处静置一二周，等长出白色的根须后再移到有阳光的教室窗台上。

生活即课程

著名教育家陶行知先生曾指出："全部的课程包括全部的生活，一切课程都是生活，一切生活都是课程。"他的意思是说，生活犹如万花筒，社会就是一个大课堂。女孩不能只做温室里的花朵，要像严冬的腊梅，敢于傲雪凌霜。

贫穷阻挡不了我

站在记者面前的高考理科状元，是个文静朴素的女孩子，她叫邓亦婷，已经被北京师范大学录取。为了给自己筹措学费，她正准备第二天出远门打工去。

"主要是家里负担太重了，爷爷有精神方面的疾病，瘦弱的奶奶又干不了活，还有叔爷爷、叔奶奶也是有精神疾病的，都靠着爸爸来扶养。"对于家里的困境，邓亦婷很坦然，她坚信只要自己努力，就会有好的未来。在跟随邓亦婷回家的路上，记者发现没吃午饭的她只吃了个包子填饱肚子，却把卤蛋悄悄地拿着，到家就笑呵呵地递给了爷爷。

请想一想，生活教会了邓亦婷什么？

如果你细心观察，就会发现像邓亦婷这样来自贫寒家庭的优秀女孩何止千万！谁说贫困和苦难不是财富？生活本身就是我们每个人最好的老师。

请为梅梅支个招

梅梅很小的时候，父母就离异，她常年与外婆住在一起。因为她不爱说话，外婆身体又不好，所以做什么事情都由着她的性子。梅梅喜欢看动画片，经常看得废寝忘食，有时候连学校都不想去。有一天，她在课堂上因为忘交作业受到老师的批评，回到家看见外婆病倒在床上连饭也没人做，梅梅觉得动画片里的女孩多幸福呀，自己的生活没意思透了……

让我们想个办法，帮助梅梅走出困境，唤起生活的勇气：

____

____

消除烦恼的公式

1. 问自己，可能发生的最坏情况是什么。
2. 如果不得不如此，那就做好准备迎接它。
3. 镇定地想方设法改变最坏的情况。

花开无声却更艳丽

邰丽华生于一个普通家庭，两岁时的一场高烧使她堕入无声世界。虽然生活给了她磨难，但是她却用生活这门大课程活出了自己精彩的人生。

在聋哑学校，她爱上了舞蹈，爱得痴狂。她将自己变成了一只旋转的陀螺，24 小时中除了吃饭和睡觉，其他时间都在学舞蹈，而且是在听不见音乐的条件下……邰丽华凭借着执着追求和刻苦训练，很快在舞蹈领域脱颖而出。在雅典残疾人奥运会闭幕式上，邰丽华带领中国残疾人艺术团聋人舞蹈队表演的《千手观音》震撼了世界，向全世界展示了灿烂的中华文化以及特殊艺术与人性之美，为中华民族赢得了荣耀。

从小做家务的益处

1. 养成自觉劳动习惯，锻炼动手能力；
2. 学会遵循程序做事，有条有理；
3. 训练了注意力的稳定和分配能力，培养专注做事的好习惯；
4. 学习管理方法，形成良好协调能力；
5. 对家庭尽责，养成做事认真的习惯；
6. 求变求好，培养了创新的思维和能力。

你会干家务活吗？目前，不少老师对学生写字又慢、又难看感到非常棘手和困惑。据医学家和教育学家分析，如果孩子从小不干活，其肌肉和韧带的发育就不好，双手灵活性、臂力和握力都很差；小手无力却早早开始写字，这就容易形成错误的握笔姿势，造成写字困难。有一项调查显示：我国 90% 的独生子女从未做过或很少做家务劳动，孩子平均每天只有 0.2 小时（12 分钟）的劳动时间。

女孩的聪明还体现在手指尖上，会做家务的孩子一般双手灵巧，思维敏捷，能力全面。学会做家务、养成热爱劳动的好习惯，必将为未来的成功奠定坚实的基础。

谁的针线包更漂亮

清代文学家孔尚任在《桃花扇·栖真》中这样写道：“香姐心灵手巧，一捻针线，就是不同的。”女孩们，你是不是也想成为可以飞针走线、心灵手巧而与众不同的那一位呢？让我们拿起针线，自己缝制一个针线包吧！

需要材料：碎布头、不织布、纽扣、针线、细绳、剪刀、固体胶

制作步骤：

1. 准备好所需的碎布，用剪刀剪成长布条；

2. 用固体胶把布条粘在长方形的不织布上；可以随意一点，要有错落的层次感；

3. 贴满以后，用针线把两边缝起来；

4. 把不织布朝里对折，做成一个皮夹子的样子，在针线包的一边缝上纽扣，另一边缝上可以系纽扣的细绳，注意调节好细绳的长度；

5. 打开针线包，收纳好针线，一个属于你自己的针线包就做好啦！

当然你也可以用自己的方法来设计制作专属于你的针线包。

热心公益献爱心

人类是一个需要彼此扶持和关爱的群体社会。随着社会的进步，越来越多的志愿者和互助平台的出现，让我们看到千千万万普通人的点滴善举，书写着新时代的文明风范。在别人需要时主动给予关心和帮助，加入公益行列，你准备好了吗？

用心做公益的快乐女孩

小颖是一个普普通通的上海女孩，大学毕业后到国外留学，与心仪的男生邂逅，心性相投，建立了自己幸福的小家庭。因为父母年迈，身边无人照顾，小夫妇两人就告别自己钟爱的工作和辛苦打造的爱巢，回到了浦江之滨。

小颖是个有爱心、爱幻想的开朗女孩，擅长绘画。在她用心绘成的作品中，能感受到一种生命的活力和快乐的力量。她看到自己的父亲退休以后闭门在家抑郁得病，决定帮助更多的老人走出家门，重新感受社会的需要和尊重。她认为，一个人被需要就会有生活的勇气和信心。她组织了几个志同道合的朋友，经常到社区开展公益活动，带领社区的老人和孩子做一点力所能及的事情，如一起美化社区环境等。老人在活动中出谋划策，享受付出和与人交流的快乐，孩子在帮助老人的过程中得到爱的熏陶。

小颖用自己的爱心，给周围的人送去了温暖和快乐！越来越多的社区慕名邀请她的团队去开展活动，她的公益之举让她每天很累并快乐着。

恤老慈幼、扶贫帮困是中华民族的传统美德。做公益就是遵循内心爱和善的呼唤，在帮助他人、给他人送去温暖的时候，自己也感受到快乐和幸福。

捐爸爸还是捐妈妈

小艾是一个五岁的小女孩，一天幼儿园老师对小朋友讲："小朋友们，明明的爸爸和妈妈没有了，他多可怜啊！让我们一起帮助他好吗？"孩子们异口同声地回答道："好。"

"那好，我们一个个来好吗？"老师说道："老师先捐50元。"小朋友们立刻你10元、我5元地答应捐出自己的零花钱。

这时轮到了小艾，她像是在想什么心事。老师便问："小艾，你不想帮助同学吗？""不，不是的。"小艾说，"我是在想，我是捐个爸爸，还是捐个妈妈给他好呢？"

爸爸

妈妈

爱心是什么？有人说是夏日的凉风、冬日的阳光，有人说是沙漠途中的清泉、久旱时节的甘露。爱心其实是世界上最美好、最纯洁的感情。它发自内心、不求回报、默默奉献。只有爱父母、爱祖国、爱世界上一切美好事物的人，才是一个真正有爱心的人。正如人们常说的："人人都奉献一份爱心，这个世界会变得更加美好。"

8 岁女孩的非凡童年

年仅 8 岁的倪东艳，在父亲亡故之后独自支撑起贫困无助的家庭，不仅要照顾瘫痪在床且严重智障的妈妈，还要包揽所有家务，同时要上学做功课，硕强扛起成人都难以承受的负荷。

当媒体报道了她的遭遇后，倪东艳便受到全国及海外华人的关注。人们不仅捐款捐物，还有好心人提出要收养她，但她回绝了："我不去。我不能丢下我妈。"当捐款达到近 20 万元时，倪东艳说："这些钱我用不完，我会用这些钱去帮助其他需要帮助的人们。"

从一个被关爱的小女孩，到关爱别人，人们都被这个闪耀着人性光辉的孩子感动了！倪冬艳的梦想是当一名教师，将善意和感动播撒到每个孩子心中。

请说一说，为什么 8 岁女孩倪东艳会受到全社会的关注？

每年的12月5日是全球"志愿者日"。志愿者这个名词，近年来已悄悄在校园里流行起来，表明公益活动走进了校园，走进了我们每个人的心灵世界。

志愿"梦想"留言板

想一想，我们在校园里怎样为身边的同学送上关爱和帮助，把你的志愿建议写在志愿"梦想"留言板上。

如：1. 家里的毛绒玩具可以捐给学校阅览室或者心理中心宣泄室

2. 临近毕业的学姐们可以把自己的校服洗干净捐给学妹们穿

3. ________________

4. ________________

在你身边

志和愿两个字，都有一颗心。当心和心靠近，城市的脉搏更强劲。

人与人加人，变成了众人。汇聚众人的力量，就能打开时代的大门。

世界在你的眼前，梦想用汗水来实现。只要有坚定的信念，未来就能看得见。

志和愿两个字，都有一颗心。当心和心靠近，城市的脉搏更强劲。

在城市生活，对生活诚实。一起勇敢坚持，让回忆成为骄傲的事。

我们在你的身边，每一次超越了极限。每一个感动的画面，都是壮观的盛典。

——上海世博会志愿者之歌歌词

I 志愿

第六课

拥抱未来

思考题

* 为什么我们要关注未来？
* 女孩子如何与“成功”结缘？
* 怎样成长为面向未来自尊自强的女生？

时尚与消费

未来并不遥远，每一个明天都紧密连接着今天。科学技术的迅猛发展，在把人类生活变得越来越舒适方便的同时，也大大地提升了生命的风险指数。面对充满了“不确定”的未来，亲爱的朋友，你准备好了吗？

时尚（英文为 fashion），是许多女孩子熟悉的词语。社会上把一些打扮时髦靓丽的女子称为“时尚达人”，似乎时尚与追赶潮流的服饰消费相关，这是不正确的。随着人们的审美情趣、生活态度、价值取向和社会舆论的改变，时尚的内涵一直在发生着变化。

“血拼”女孩

2016 年有一则海外媒体报道引起关注，一对西班牙夫妇几日内不断接到亚马逊网站的订单确认信息，所有的订单都与一个网络游戏及其配件有关。起初他们认为遭受到网络诈骗，但很快发现了事实，“作案”的是他们年仅 6 岁的小女儿艾琳。

小艾琳趁妈妈在沙发上睡觉时举着妈妈的手指解锁了手机屏幕，然后进入了亚马逊的应用，把自己喜欢的游戏产品一一放进购物车然后下单。震惊之余，她的父母认为这一切都是一场意外，女儿应该不知道自己在做什么。但是，事实上小艾琳在看到父母担忧的样子后还“安慰”他们说：“妈妈，别担心，都买好了，很快就会送到家的。”

花样
女孩
CUENTO
STORY
QUE

在消费变得越来越迅捷的今天，喜欢“血拼”的女孩不是个别现象。网络、手机等新兴支付方式使我们足不出户就能轻松消费，人们的消费方式变得越来越多元化。

一位“学霸”的癖好

小美是个爱学习的女孩。因为学习成绩好，她喜欢什么爸妈总是尽量满足她。

她有一个特别的爱好，就是喜欢买各种各样漂亮的文具盒。在她家的书桌上，放满了各类文具盒，有塑料的、铁质的、木质的、双层的，有密码锁的，还有各种卡通图案的。每当小美逛商店看到喜欢的文具盒，她就会拉着妈妈为她买。看到别的同学有漂亮的文具盒，她也会立刻让爸爸帮她去买。

春节期间，小美把自己得到的所有的压岁钱，统统买成了文具盒……

你怎么看待小美的消费方式？

当你遇到特别想要买的东西时，你是怎么做的呢？

零花钱的管理妙招

小 A：我每天从早餐费省一点，攒起来买喜欢的小玩意。

小 B：我老爸很大方，只要我撒个娇他就会……

小 C：我和家里签了劳务合同，只要我做了家务就有报酬。

小 D：爸爸赚钱很辛苦，妈妈又有病，我的压岁钱得留存起来……

聪明的女孩从小就学习理财，绝不把钱花在没用的地方。该花钱的时候绝不心疼，还会尽情享受花钱的乐趣。你的零花钱是怎样打理的？

近年来，世界各地奉行简约生活的人越来越多，他们舍弃不能带来效用的多余物品，控制徒增烦恼的精神活动，认为只有简单生活，才可以更好地享受生活。也有专家提出："追求节约与保护环境是 21 世纪时尚的内涵之一。"

设计一本精美的个性化 DIY 账本

学习理财的途径之一就是养成记账的生活习惯，了解并有计划地去规划使用自己的每一分钱。让我们一起来动手设计一本精美的 DIY 个性化账本吧！

1. 挑选一本有漂亮封面的本子，也可以自己设计美化本子的封面。

2. 对个人消费进行分类，写在账本的第一页。

3. 把每一次消费记录在账本内，写清消费的日期、消费归属类别、消费内容和具体金额，也可以用图画或照片形式表示消费内容。

4. 定期查阅账本，反思自己的消费是否合理，是否从消费中获得了快乐和益处。

相约成功

对每个女孩来说，成功的定义是不一样的。有物质上的成功，也有精神上的成功。生命就像一架梦想的天梯，这端是你，那端就是你渴望得到的成功之的。

中国女孩的飞天梦

2013 年 6 月 20 日，在距离地面 300 多公里的天宫一号实验舱里，中国女航天员王亚平开始了迄今为止人类历史上第二次太空授课，全国 6000 多万学生同步收看了直播。这堂生动的太空授课，不仅满足了学生的好奇心，播撒了探索奥秘的科学种子，也向全世界展示了中国女飞人的风采。

王亚平并不是第一个到达太空的女航天员，在她之前，河南女孩刘洋在 2012 年成为中国第一位飞天的女航天员。而世界第一名女航天员是来自苏联的捷列什科娃。王亚平说：“飞天之路，虽然辉煌却无比艰辛，每一项训练都是在向人的生理极限挑战，但拼搏的人生最壮美。”

请你想一想，王亚平们为什么选择了“拼搏的人生”？

尽管在一些领域，由于生理上的局限，女性的成功会碰到更多挑战，不过有时候，阻碍女孩成功的并不真是生理上的差异，更多的是受观念的限制。随着时代的进步，有一些女孩凭借着她们的勇气与努力，突破了性别的限制，获得了成功。那么，怎样的女孩更容易得到成功的青睐呢？有一点我们可以肯定，除了机遇以外成功更需要勤奋，只要肯努力，不轻易放弃，不管什么年龄，成功都愿意和你有个约会。

哈利·波特之母

《哈利·波特》是世界上最畅销的魔幻系列小说。该著作的作者罗琳女士小时候是个相貌平平的普通女孩。她曾陷入生活困境，与丈夫离婚后，独自带着刚出生不久的女儿，过着十分窘迫的日子。但是，罗琳没有放弃自己喜欢的写作，因为自家的屋子又小又冷，她时常到附近的一家咖啡馆里，找一个不起眼的角落创作自己的小说。

经过5年多的坚持和努力，罗琳终于完成了她的《哈利·波特与魔法石》。小说一出版，她以天才的想象力孕育的小魔法师哈利·波特立即风靡全球，先后获得多种图书大奖并改编成电影。罗琳的生活发生了翻天覆地的变化，她从一个默默无闻的单亲母亲，一跃成为财产超过英国女王的“哈利·波特之母”。但是，罗琳向媒体公开过自己的退稿信，以此告诫追梦人不要轻言放弃。

在追求成功的路上，我们不仅要有积极的心态，还需要科学的规划和方法，认清自身特质，才能更好地设计未来和成功。

成功需要设计

如果用一个水果来比喻你自己，你用 ________________。

我想成为（目标）________________，我现在可以这样做（小目标）：

1. ________________

2. ________________

3. ________________

如果用一种动物来比喻你自己，你用 ________________。

我想成为（目标）________________，我现在可以这样做（小目标）：

1. ________________

2. ________________

3. ________________

如果用一个词语来形容你自己，你用 ________________。

我想成为（目标）________________，我现在可以这样做（小目标）：

1. ________________

2. ________________

3. ________________

注：一步一步达成小目标，最终就能收获你心目中的成功之果啦！

最美的遗愿

在旁人眼里，何玥生前是个品行兼优的好女孩，家里的一面墙上，贴满了“三好学生”等荣誉奖状。可是，这位还处在花样年华的小姑娘，在临近小学毕业之际，被查出患有恶性肿瘤。在得知生命只剩三个月时，何玥做出了让父母和亲人都难以接受的决定——将自己的器官捐献给需要的人。她说：“我希望能尽自己的能力给别人生的希望。”

最终，父亲根据她的遗愿将她的两个肾和一个肝捐给了三个人，使三名患者的生命得以延续。她用平凡生命最后的闪光，将人间照亮。

你认为何玥是成功女孩吗？她的成功对我们有什么启示？

人们常说"否极泰来"，有时候成功往往出现在我们最苦、最累、最艰难的时分。所以，当你在攻克难关面临绝望之际，一定要咬住牙多坚持一会儿。如果这时候选择了放弃，就会功亏一篑。因为成败之间，差的往往就是这么一点儿。

最接近成功的时候

她是一位游泳健将，平生最大的心愿就是成为世界上第一位横渡英吉利海峡的人。为了实现这一理想，她坚持天天练习，做了充足的准备。

实现梦想的一天终于来临了，在众多媒体的关注下，信心十足的女选手跃入海中，开始朝海峡对岸游去。一开始天气很好，她愉快地前进着，不像是在挑战自己，而像是在享受生命。后来海上起了浓雾，而且越来越浓，最后达到了伸手不见五指的程度。身处茫茫大海而失去方向的她一下子恐慌起来，越来越感觉力不从心，最后她宣布放弃。

可是当她爬上救生船时发现，这里距海岸不到100米！女选手沮丧地说："如果我知道距离目标只有这么近时，我一定会坚持到底！"

自重才能自强

每个女孩都是要长大并独立生活的。有人选择早早独立，也有人迟迟放不下对他人的依赖。自重才能自强，自强才能自立，而自立自强的女孩身上散发着一种特别的魅力……

一片飞翔的叶子

一阵风吹来，一片叶子脱离了树枝飞向天空。

“我会飞了，我会飞了。”叶子边飞边喊，“我要飞上天了。”叶子飞啊飞，飞过了一棵棵树，飞过了一只只栖息在电线上的鸟。

“哈哈，我飞得比你们都高。”叶子得意洋洋地对小鸟说。又一阵风吹过，叶子在天空打了几个旋儿，被吹落到一个小水坑里，随即被路过的一头牛踩进了淤泥。一只鸟感叹地对它的孩子说：“看到了吧，如果不依靠自身力量，风既可以把你吹上天，也可以把你吹进烂泥潭。要想自由飞翔必须靠自身力量。”

这个寓言说明什么道理？为什么说要飞翔必须靠自身的力量？

无论是独立性很强还是喜欢依赖他人的女性，总能在她的人生经历中找到成长的影子。女孩的自尊自强，往往是从小在生活的打磨中慢慢积淀而养成的。

测测你的“自立”意识

1. 早上起床后谁替你梳理头发？（　　）

A. 父母或其他人　　B. 自己　　C. 无需梳理

2. 每天穿的衣服谁替你挑选？（　　）

A. 父母或其他人　　B. 自己　　C. 穿校服，不用挑选

3. 课外阅读材料谁替你准备？（　　）

A. 父母或其他人　　B. 自己　　C. 听老师的布置

4. 每天晚上谁替你整理书包？（　　）

A. 父母或其他人　　B. 自己　　C. 不用整理，所有书都带着

自重

自重是一种觉得自己是重要的、有价值的自我心理体验，也是一个人身心健康的重要因素。它既表现为自我尊重和自我保护，也包含期待他人、团队和社会对自己的重视。

自重，是女孩成长的根基。一个不自重的女孩，很难得到别人的尊重。自重与被人尊重，都是人生中重要而快乐的构成。

最具影响力的商界女性

1980年的夏天，印度女孩努伊在美国耶鲁大学求学时开始寻找工作。为了参加面试，一向节俭的她花50美元买了一套不合身的西装。令她沮丧的是，面试官们连问题都没提，直接把她打发出门了。

努伊找到了职业发展咨询师。咨询师说："你要知道你是一个印度女子，为什么不穿你印度传统服装去面试呢？假如他们不能接受穿纱丽的你，那是他们的损失，而不是你的损失。"于是努伊换上了她的纱丽，又去参加另一家公司举办的招聘会。

这一次她凭借自己优异的成绩、良好的口才以及让人过目不忘的形象，给主考官留下了深刻的印象，顺利通过面试。从此，每天努伊都会自信满满地穿着适合自己的服装去上班，人们慢慢认识并记住了这个身穿纱丽的印度女人。她后来成为一家跨国公司的总裁，成为全球最具影响力的商界女性之一。

为机器人寻找"光明"的女孩

"大约5亿年前，生活在海洋里的生物非常简单。后来一些动物有了眼睛，视觉为动物的进化发挥了很大作用。但是，人类作为一个社会整体，还是一个盲人，因为目前我们最智能的机器人还无法识别正在发生的事情。"这是美国斯坦福大学最年轻的教授、人工智能实验室主任李飞飞在北京演讲说过的话。

1976年的出生的李飞飞，在人工智能领域是一个无人不晓的传奇。她当过清洁工、中餐馆收银员，开过洗衣店，去西藏研究过藏药……她最大的贡献，便是主导人工智能图形识别项目，每年吸引着包括Google、Facebook等科技巨头在内的上百家顶尖机构，共同向前推进机器智能的边界。李飞飞说，目前的图像识别与人工智能，还只相当于一个牙牙学语的3岁儿童。而从3岁到10岁的过程，才是技术推进的难点和关键。她就是这样一位正在高科技前沿勇攀高峰的华裔女孩。

女性的自强，不仅可以表现在为人类事业勇于在高科技前沿的奋力拼搏，即使在日常生活中为人妻、为人母、为人媳、为人女，同样可以折射出"自强"的光芒。

寻找身边好母亲

我国古代就有“孟母三迁”“岳母刺字”等好母亲的故事。如今在美国，有一位普通的华裔母亲，引起了社会高度关注。她就是王淑贞，一位伟大而又平凡的母亲。说她伟大，是因为她生养了13个孩子，培养了13个博士，这在世界范围内都绝对是个奇迹。说她平凡，是因为她一生勤俭持家，只是个普通的家庭妇女。

在她百岁寿诞之日，子女们问她想要什么礼物，她说：“我要回去给中国小孩造学校。”一句简单的话，透露出她对祖国浓浓的爱和割舍不下的故乡情。

在我们身边，也有很多默默为家庭、为子女作奉献的好母亲，抽空去做个采访吧！

采访笔记	
采访对象（姓名和概况）	
采访记录	
采访感悟	
	采访者签名＿＿＿＿＿＿　日期＿＿＿＿＿＿

中国之莺

在2017年举行的格莱美颁奖礼现场向上一年逝去的全球音乐人致敬时，中国女高音歌唱家周小燕作为唯一一位东方女性出现在大屏幕上，并标注为“中国第一歌剧夫人”。

她一生在音乐上获奖无数，她的嗓音曾穿越于世界各地，她将中国音乐作品带上国际舞台，被人们誉为“中国之莺”。

她坚定地走在实现梦想的道路上，但也有着随时为祖国放弃个人前程的勇气。每次登台，她总是一袭旗袍；每次演出，她都坚持演唱中国歌曲。她在声乐教坛耕耘70多年，培养了众多世界乐坛明星。在她的生活里，没有休息日。只要学生需要，她随时可以上课。当她95岁时有人问她：“什么时间关门？”她说：“盖棺的时间关门，我要干终身！”

从周小燕先生身上，你读出了什么是中国女性的“自强”吗？

献给我心仪的________

在人类文明进步的史册上，从来不乏中国女性或柔美或矫健的身影。让我们用心、用情、用灵巧的双手为自己心仪的她制作一件精美的艺术品，可以是剪贴画、折纸或其他手工小玩意，重要的在于有创意哦！

中小学女生专题教育课程
学习反馈与评价

1. 课程内容的评价

你觉得学习这门课程有意义吗，为什么？			
内容有吸引力	学到了知识	帮我消除了困惑	没有什么意思

注：在空格里按自己的真实想法打“√”。

你最喜欢的课程内容有哪些，为什么？		

注：在空格里把自己喜欢的单元名称写下来，说说为什么。

2. 学习方式的选择

自学，不要教师辅导	自学与辅导相结合	在教师的指导下学习	随便，都可以

注：在空格里打“√”，选择你认为最有效的学习方式。

3. 我的评价和建议

学习内容评价	学习方式评价	自我评价
☆ ☆ ☆ ☆ ☆	☆ ☆ ☆ ☆ ☆	☆ ☆ ☆ ☆ ☆
我的建议：		

注：根据自己的满意度给☆涂色，在空格里填上自己的建议，也可以不填。

说　明

为学生提供多样化、个性化课程，建立起以学生发展为本的现代课程体系是上海基础教育课程改革的一大工程。在多年教学研究、实践的基础上诞生的《花样女孩》是针对女生在成长中产生的一些性别困惑量身定制的女生教育专题课程教材，供小学四、五年级开设女生专题课程实验用。

教材主编：徐　静　李正刚　钟向阳

编写组成员：顾　文　王　慧　郑　皓　沈　洁
刘申虹　周敏捷　沈　静　裴美婷
徐应莺　陈蓓琛

教材插图特邀上海臻意雅创艺术工作室的阙颖创作并绘制。

感谢上海市静安区教育局、静安区教育学院在本书编写过程中给予的支持与指导。欢迎广大师生来电来函指出教材的差错和不足，提出宝贵意见。上海教育出版社联系电话：021—64374592。